Sonja Brockers

Kleine Geschenke rund ums Jahr – selbst gemacht!

Mit GRUNDSCHULKINDERN Schönes für Eltern, Großeltern und andere liebe Menschen BASTELN

Verlag an der Ruhr

Impressum

Titel

Kleine Geschenke rund ums Jahr – selbst gemacht!
Mit Grundschulkindern Schönes für Eltern, Großeltern und andere liebe Menschen basteln

Autorin

Sonja Brockers

Titelbildmotiv/Fotos Innenteil

Sonja Brockers

Illustrationen

Schmuckrahmen: Titel, Innenteil S. 1, 7, 33, 53, 61, 81; Blumen: S. 9–31 o. rechts; Blätter: Titel, Innenteil Rahmenlayout-Element unten; Hintergundmuster: Titel Rückseite, Innenteil S. 8–96 linke Seiten
© KatyaKatya | Fotolia.com

Pusteblumen-Schirmchen: S. 35–51 o. rechts
© topvectors | Fotolia.com

Eicheln: S. 55–59 o. rechts; Schneeflocken: S. 63–79 o. rechts
© qilli | Fotolia.com

Druck

AZ Druck und Datentechnik GmbH, Kempten, DE

Verlag an der Ruhr
Mülheim an der Ruhr
www.verlagruhr.de

Geeignet für Kinder ab 6 Jahren

ISBN 978-3-8346-4008-6

Inhaltsverzeichnis

Inhaltsverzeichnis

HERBST

WINTER

GRUPPENGESCHENKE

Vorwort

WARUM DIESES BUCH?

Es gibt so viele Anlässe, einem netten Menschen eine kleine Aufmerksamkeit zu schenken. Diese Geschenke müssen nicht aufwändig, schwierig oder teuer sein. Meist sind es kleine Ideen, die man aus Alltagsmaterialien herstellen, beliebig ausweiten, kreativ verarbeiten und weiterentwickeln kann.

Um es Kindern, Erziehern* oder Lehrern ein wenig zu erleichtern, die richtige Idee zu finden, wurden die Geschenkvorschläge Anlässen rund um das Jahr zugeordnet. Durch kleine Veränderungen lassen sich die meisten Ideen aber auch an andere Anlässe anpassen.

FÜR WEN IST DIESES BUCH GEDACHT?

Die Ideen in diesem Buch sind speziell auf den Unterricht in der Schule zugeschnitten. Sie sind so gewählt, dass sie von den Kindern weitestgehend selbstständig umgesetzt werden können. Der Erwachsene übernimmt bei der Umsetzung nur eine Helferrolle.

Das Buch richtet sich vor allem an Kinder im Alter von sechs bis zehn Jahren. Da aber jede Idee durch eigene Kreativität und Fantasie veränderbar ist, werden auch ältere Kinder und Erwachsene Spaß an der Umsetzung haben.

Auf eine Einteilung der Ideen nach Klassenstufen wurde in diesem Buch bewusst verzichtet, da das Ergebnis letztlich von den Kindern und deren individuellen Fertigkeiten bestimmt wird. Auch die Angaben zur Dauer sind hier nur zur groben Orientierung gedacht, da die Bearbeitungszeit ebenfalls von Kind zu Kind variieren kann. Aber grundsätzlich gilt: Jede Idee ist für jede Altersstufe geeignet.

ZUM AUFBAU DES BUCHES

Das Buch ist in die vier Jahreszeiten unterteilt. Hierunter finden sich dann Geschenkideen zu verschiedenen Anlässen, die zur jeweiligen Jahreszeit stattfinden. Neben aussagekräftigen Bildern und einfachen Schritt-für-Schritt-Anleitungen gibt es auch Angaben zu Dauer, Schwierigkeitsstufe und den benötigten Materialien. Außerdem findet sich zu Beginn eine Einschätzung, inwieweit die Hilfe des Lehrers benötigt wird.

MATERIALIEN UND SICHERES ARBEITEN

Für die meisten hier angegebenen Ideen werden Acrylfarben verwendet.

An einigen Stellen wird Klarlack empfohlen, um die Haltbarkeit zu verlängern. Hier sollte die Lehrkraft den Sprühvorgang übernehmen, da es den Lack nicht in „Kindervariante" gibt.

Die Sprühfarben, die an einigen Stellen empfohlen werden, sollten unbedingt unter Verwendung eines Mundschutzes gesprüht werden. Es gibt inzwischen wasserlösliche und lösungsmittelfreie Sprühfarben, die auch für Kinder geeignet sind, aber auch diese sollten unter Verwendung eines Mundschutzes benutzt werden.

Bei vielen der hier vorgestellten Ideen kommt Heißkleber zum Einsatz. Hierfür sollte eigens eine Heißkleberstation im Klassenzimmer eingerichtet werden, also ein fester Platz für die Arbeit mit Heißkleber.

* Aus Gründen der besseren Lesbarkeit haben wir in diesem Buch durchgehend die männliche Form verwendet. Natürlich sind damit auch immer Frauen und Mädchen gemeint, also Lehrerinnen, Schülerinnen etc.

Vorwort

Eine solche Station empfiehlt sich vor allem deshalb, weil die Heißkleberpistolen immer ein wenig auslaufen und deren Herumreichen zu Brandblasen führen kann. Der Heißkleber hat aber auch einen entscheidenden Vorteil: Durch ihn kann auf lange Trocknungszeiten verzichtet und nahtlos weitergearbeitet werden.

Die Arbeit mit dem Heißkleber gelingt vor allem dann zügig und gefahrlos, wenn diese von der Lehrkraft übernommen wird und die Kinder entsprechende Anweisungen geben, was geklebt werden soll. Sollen die Kinder selbst an der Heißkleberstation arbeiten, ist es wichtig, den Umgang mit dem Heißkleber vorher gemeinsam zu üben.

Bei einigen Ideen wird Modelliermasse, oder besser noch Ton empfohlen. Um den Ton zu brennen, braucht man einen professionellen Tonofen, der das Gut bei 900 bis 1200° C brennen kann. Dieser sollte nur von Erwachsenen bestückt und der Gebrauchsanweisung entsprechend bedient werden.

Sollte kein Tonofen zur Verfügung stehen, gibt es Möglichkeiten, die fertig geformten und getrockneten Stücke brennen zu lassen. Viele Kunstschulen, Keramikwerkstätten und auch Schulen bieten die Mitnutzung ihres Ofens an, meist wird nur der Stromverbrauch mit ca. fünf Euro in Rechnung gestellt.

Frühling

Bunte Frühlingsvögel

Zeitaufwand:	2 Unterrichtsstunden
Schwierigkeitsstufe:	leicht
Mithilfe des Lehrers:	Unterstützung bei der Heißklebepistole

MATERIAL

- Papprollen
- Acrylfarbe
- Pinsel
- farbige Pappe
- Schere
- Heißkleber
- Dekomaterial, z. B. Federn, Wattekugeln, Wackelaugen, Kronkorken, Wolle o. Ä.

SO GEHT ES

- Wählt euch zuerst eine Papprolle aus. Nun steht die Größe eures Vogels fest.
- Denkt euch ein Farbkonzept für euren Vogel aus. Es empfiehlt sich, zwei Hauptfarben zu wählen, die miteinander gut aussehen, und vielleicht noch eine dritte Farbe für den Schnabel. Der Vogel sollte nicht zu bunt werden, da er dann schnell kitschig wirkt.
- Bemalt die Papprolle mit einer der gewählten Acrylfarben und lasst sie dann trocknen.
- Während die Rolle trocknet, könnt ihr schon Augen für den Vogel auswählen. Dafür eignen sich sehr gut Wackelaugen, Wattekugeln, Kronkorken, Muscheln o. Ä..
- Schneidet aus Pappe einen Schnabel aus. Soll der Schnabel offen stehen, solltet ihr die Pappe knicken und den Schnabel so ausschneiden, dass der Knick nachher am Kopf befestigt werden kann.
- Nun könnt ihr noch Füße aus Pappe ausschneiden, so groß oder klein, wie ihr wollt. Das sieht gut aus und hilft dem Vogel, zu stehen.
- Wenn die Papprolle getrocknet ist, könnt ihr Augen, Füße und Schnabel mit Heißkleber ankleben.
- Nun braucht der Vogel noch Flügel, eine Kopfbedeckung, einen Schwanz, vielleicht Wimpern oder eine Zunge. Was immer ihr euch nun sucht, es sollte in euer ursprüngliches Farbkonzept passen, damit der Vogel nicht zu bunt wird.
- Alles, was ihr für euren Vogel aussucht, wird mit Heißkleber befestigt.

Blumentopf-Würmchen

Zeitaufwand:	2 Unterrichtsstunden, zuzüglich Trockenzeit
Schwierigkeitsstufe:	leicht
Mithilfe des Lehrers:	ggf. Unterstützung beim Auftragen des Sprühlacks und bei der Bedienung des Tonofens

MATERIAL

- ✓ lufttrocknende Modelliermasse (wichtig ist, dass die Masse sich gut formen lässt, steinhart wird und in Verbindung mit Wasser nicht aufweicht. Noch optimaler wäre Ton, dieser müsste aber im Tonofen gebrannt werden)
- ✓ Messer oder Schaschlikspieß
- ✓ Acrylfarbe
- ✓ Pinsel
- ✓ kleiner Tontopf mit Erde und Gras
- ✓ evtl. Sprühlack
- ✓ evtl. Brennofen

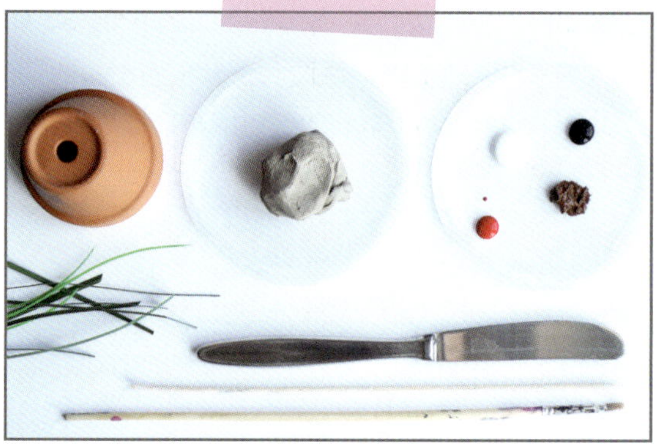

SO GEHT ES

- Nehmt euch ein Stück der Masse und formt eine Art Wurst daraus. Ein Ende sollte spitz sein, das andere eher rund. Das runde Ende wird ein wenig abgeknickt. Das wird später der Kopf des Wurms.
- Schneidet das runde Ende mit dem Messer oder mithilfe eines Schaschlikspießes so ein, dass sich ein Mund daraus ergibt.

- Formt nun zwei kleine Kügelchen, die ihr als Augen auf die Masse drückt.
- Nun ist das Würmchen eigentlich fertig. Ihr könnt ihm aber auch noch eine Zunge, Haare, Hörnchen o. Ä. formen, je nachdem, wie verrückt der Wurm aussehen soll.
- Nun muss die Masse trocknen. Sollte es sich um Ton handeln, müsste dieser nach der Trocknung im Tonofen gebrannt werden.
- Wenn das Würmchen gut durchgetrocknet bzw. gebrannt ist, könnt ihr es anmalen: den Körper braun, die Augen weiß mit einer schwarzen Pupille und der Mund oder die Zunge gegebenenfalls rot.

TIPPS

- Irgendwann wird die Acrylfarbe etwas abblättern, sollte das Würmchen zu nass werden. Mit etwas Sprühlack kann man es haltbarer machen.
- Der Tontopf, aus welchem der Wurm schauen soll, kann ebenfalls farbig angemalt werden, ganz wie ihr mögt.
- Füllt den Tontopf mit etwas Erde und pflanzt ein, was ihr möchtet. Etwas Gras von der Wiese kostet nichts und sieht zusammen mit dem Wurm sehr hübsch aus.
- Wenn der Tontopf bepflanzt ist, könnt ihr das Würmchen einfach mit der spitzen Seite in den Boden stecken.

Tulpen mit Flaschenvase

Zeitaufwand: 2 Unterrichtsstunden
Schwierigkeitsstufe: leicht bis mittel
Mithilfe des Lehrers: Unterstützung bei der Heißklebepistole, ggf. Unterstützung beim Auftragen des Sprühlacks

MATERIAL

- Eierkarton-Palette
- saubere Glasflasche
- Acrylfarbe
- Pinsel
- Heißkleber
- grüner Bindedraht
- Schere
- Perlen
- evtl. klarer Sprühlack

SO GEHT ES

FÜR DIE BLUMEN:

- Reißt oder schneidet die einzelnen Vertiefungen der Eierkarton-Palette aus. So erhaltet ihr Blüten mit je vier Blütenblättern. Die Form der Blätter könnt ihr nach Belieben spitz lassen oder mit der Schere abrunden.
- Sucht euch zwei zueinander passende Farben aus und malt zwei der Blüten an.
- Wenn die Blüten getrocknet sind, pikst mit dem grünen Bindedraht ein Loch in die Mitte der Blüte und fädelt beide Blüten hintereinander auf. Der Bindedraht wird der Stängel der Blüte.
- Die Perle stellt den Blütenstempel dar. Klebt diese mit Heißkleber an das Ende des Drahtes.
- Plaziert etwas Heißkleber an der Perle und schiebt die erste Blüte an die Perle. So klebt diese fest und rutscht nicht mehr runter.
- Plaziert nun etwas Heißkleber an den äußeren Boden der ersten Blüte und schiebt die zweite Blüte in Position. Schaut, dass sie etwas versetzt zur ersten Blüte positioniert wird. So erhaltet ihr acht Blütenblätter, die hintereinanderliegen.

TIPP

Experimentiert ein wenig mit den Blüten, erfindet neue Formen, neue Blütenstempel und Farbzusammenstellungen. Jede Blüte darf ein Unikat sein.

FÜR DIE FLASCHE:

- Sucht euch Farben, die gut zueinander passen, und überlegt vorher, wie die Flasche bemalt werden soll.
- Ein Plan ist hier sehr wichtig, damit die Flasche nach einem Konzept angemalt wird und gleichmäßige Muster bekommt.

- Vorsicht: Je vielfältiger die Muster, desto chaotischer die Flasche. Hier ist weniger tatsächlich mehr.
- Malt die Flasche an und lasst sie trocknen. Bei grünen Flaschen kann es sein, dass die Farbe etwas matt wegtrocknet, sodass man sie ein zweites Mal auftragen sollte, um ein knalliges Ergebnis zu erhalten.
- Nach dem Trocknen könnt ihr die Flasche mit Klarlack übersprühen. Das gibt der Farbe etwas mehr Intensität und Haltbarkeit.
- Zum Schluss könnt ihr eure gebastelten Blumen in die Flaschenvase stellen.

Betoneier

Zeitaufwand: 1 Unterrichtsstunde, zuzüglich Trockenzeit
Schwierigkeitsstufe: leicht
Mithilfe des Lehrers: einfache Unterstützung

MATERIAL

- ✓ Betonpulver, etwa 2 gehäufte EL
- ✓ ein Becher Wasser
- ✓ eine Eierschale, unten geöffnet
- ✓ Acrylfarbe
- ✓ Pinsel

SO GEHT ES

- Rührt den Beton aus Pulver und Wasser so zusammen, dass es eine zähflüssige Mischung ergibt.
- Füllt diese Mischung in das unten geöffnete Ei und findet einen Behälter, auf dem ihr das Ei abstellen könnt, sodass es in Ruhe trocknen kann.

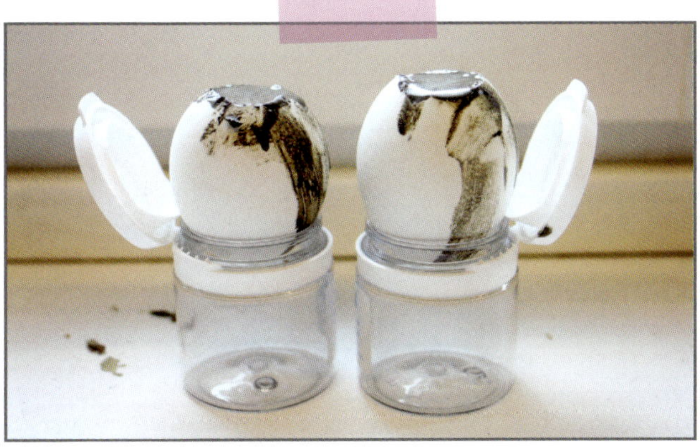

- Nach einem Tag Trockenzeit könnt ihr die Schale vorsichtig entfernen. Lasst das Betonei nun noch ein wenig weiter trocknen (am besten noch einen Tag).

- Nun könnt ihr die Eier anmalen, wie ihr wollt. Weniger ist hier mehr, je dezenter, desto hübscher das Ei.

TIPP

Statt des Betons könnt ihr auch Gips benutzen.

VARIANTE

Ihr könnt die Eier auch noch mit Geschenkband versehen oder eine Feder dazukleben.

Lustige Eier

Zeitaufwand: 1 Unterrichtsstunde
Schwierigkeitsstufe: leicht
Mithilfe des Lehrers: einfache Unterstützung

MATERIAL

- Eier, am besten hart gekocht
- Farbe für die Eier, das kann auch einfache Acrylfarbe sein
- Pinsel
- Permanent-Marker
- evtl. Heißkleber
- evtl. Wackelaugen und Dekomaterial, z. B. Kunstgras, Federn, Tonpapier etc.

SO GEHT ES

- Zunächst müssen die Eier gekocht werden. Am besten hart, dann halten sie sich länger.
- Nun solltet ihr euch entscheiden, ob die Eier weiß oder bunt benutzt werden sollen.
- Wenn ihr bunte Eier haben möchtet, malt sie an und lasst sie trocknen. Alternativ könnt ihr auch fertig gekochte und gefärbte Eier kaufen.
- Nun überlegt euch, was ihr aus den Eiern machen möchtet. Ihr könnt z. B. einfach Eierköpfe aus ihnen machen. Dafür malt ihr den Eiern mit Permanent-Marker Smileys auf. Nun könnt ihr ihnen mit Heißkleber verrückte Haare ankleben oder sie einfach kahlköpfig lassen.

VARIANTE

Ihr könnt aus den Eiern auch Vögel machen, Fische oder was auch immer euch einfällt. Klebt ihnen Wackelaugen an und verziert sie mit Federn, Kunstgras oder anderer Deko, die ihr zur Hand habt.

Hasenschale aus Ton

Zeitaufwand: 2 Unterrichtsstunden, zuzüglich Trockenzeit und Brennzeit

Schwierigkeitsstufe: mittel bis schwer

Mithilfe des Lehrers: evtl. leichte Unterstützung beim Modellieren und Unterstützung bei der Bedienung des Tonofens

MATERIAL

- Ton
- Schaschlikspieß
- Acrylfarbe
- Pinsel
- Brennofen

SO GEHT ES

- Nehmt euch ein Stück Ton, etwa eigroß, und formt es zu einer Kugel. Beginnt nun, mit den Daumen innen und den restlichen Fingern außen, durch leichten Druck eine Schüssel zu formen.

- Nun formt ebenfalls aus Ton den Kopf des Hasen mit einem kleinen Hals, der dann an die Schüssel geschmiert wird. Verschmiert das Ganze gut, damit es wieder zu einer Einheit wird. Ritzt mithilfe des Schaschlikspießes ein Gesicht ein. Genauso verfahrt ihr mit den Armen und den Füßen des Hasen.
- Das Wichtigste an der Arbeit mit dem Ton ist, dass die einzelnen Komponenten im feuchten Zustand gut verschmiert werden, sodass letztlich aus allen Einzelteilen wieder ein Ganzes wird.
- Nun muss der Ton gut durchtrocknen und anschließend im Tonofen gebrannt werden.
- Den gebrannten Ton könnt ihr mit Acrylfarbe bemalen. Anschließend ist das Hasenschälchen fertig.

VARIANTE

Die Idee des Schälchens lässt sich beliebig weiterverarbeiten, sodass auch andere Tiere geformt werden können.

Abreiß-Gutscheine

Zeitaufwand: 1 Unterrichtsstunde
Schwierigkeitsstufe: leicht
Mithilfe des Lehrers: einfache Unterstützung

MATERIAL

- ✓ Papprollen
- ✓ ein Bogen festes Papier
- ✓ Lineal oder Geodreieck
- ✓ Bleistift
- ✓ Schere
- ✓ Schmierpapier
- ✓ Buntstifte
- ✓ Kugelschreiber oder Fineliner
- ✓ viele Gutschein-Ideen
- ✓ Klebstoff
- ✓ Dekomaterial, z. B. Pailletten, Sternchen, Herzen etc.

SO GEHT ES

- Zunächst überlegt, ob euer Gutscheinbogen viereckig bleiben oder eine andere Form bekommen soll.
- Das Schmierpapier ist dafür da, grob eure Ideen aufzumalen, um euch dann für ein Design entscheiden zu können. Ebenfalls könnt ihr Gutschein-Ideen darauf sammeln.
- Wenn ihr euch entschieden habt, legt los. Nehmt das feste Papier und schneidet den Bogen oder lasst ihn, wie er ist. Bemalt ihn nach euren Ideen. Am einfachsten geht dies mit Buntstiften.
- Zeichnet euch an einer Seite mittels Lineal und Bleistift Linien ein. Die entstehenden Felder sollten so groß sein, dass ihr jeweils eine Gutschein-Idee eintragen könnt.

- Schneidet nun die Linien mit der Schere ein.
- Tragt eure Gutschein-Ideen mit Kugelschreiber oder Fineliner ein. Benutzt einen Stift, der fein und gut leserlich schreibt.
- Zuletzt könnt ihr noch Dekorationen, wie Pailletten, Sternchen oder Herzchen, aufkleben.

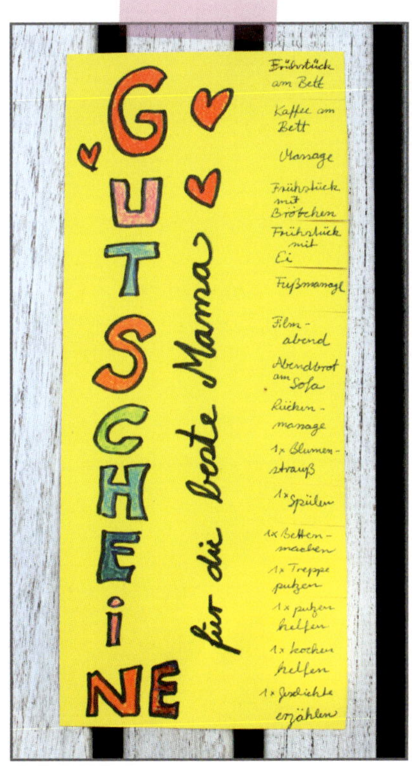

Smiley-Bild

Zeitaufwand: 1 Unterrichtsstunde, zuzüglich Trockenzeit
Schwierigkeitsstufe: leicht
Mithilfe des Lehrers: Unterstützung bei der Heißklebepistole und beim Auftragen des Sprühlacks

MATERIAL

- Kronkorken
- Sprühlack in verschiedenen Farben
- Acrylfarbe
- Pinsel
- Holzplatte, Leinwand o. Ä. (als Untergrund)
- Permanent-Marker
- Heißkleber

SO GEHT ES

- Sucht euch zunächst genügend Kronkorken zusammen und wählt die Sprühfarbe aus. Sprüht die Kronkorken an und lasst sie gut durchtrocken. Die Sprühfarbe muss lange trocknen, am besten über Nacht, ansonsten kann der Permanent-Marker später nicht darauf malen und verklebt.
- Malt nun mit Acrylfarbe euren gewählten Untergrund an und lasst auch diesen trocknen.
- Malt mit dem Permanent-Marker lustige Smileys auf die Kronkorken. Je einfacher die Gesichter, desto schöner.
- Klebt nun die Smiley-Kronkorken mit Heißkleber auf die Unterlage.

Drahtblume in Zement

Zeitaufwand:	1–2 Unterrichtsstunden, zuzüglich Trockenzeit
Schwierigkeitsstufe:	mittel bis schwer
Mithilfe des Lehrers:	evtl. Unterstützung beim Biegen des Drahtes

MATERIAL

- Draht (so dünn, dass man ihn gut mit den Händen biegen kann)
- Zange
- Milchschachtel oder Joghurtbecher als Gießform
- Zementpulver, etwa 2 EL
- ein Becher Wasser
- Schneebesen
- evtl. Schaschlikspieße

SO GEHT ES

- Die Blume wird aus dem Draht gebogen. Dabei fangt ihr am unteren Ende des Stängels an. Lasst den Draht auf der Spule. So könnt ihr immer mehr Draht abwickeln und erst ganz zum Schluss abknipsen.
- Beginnt mit einer kleinen Schlaufe. Diese ist später quasi das Wurzelwerk im Zement. Zieht dann den Draht so lang, wie ihr den Stängel haben möchtet.
- Dann folgt der Blumenstempel. Dafür formt eine Art Kreis, der am Stängel beginnt und auch dort wieder endet. Zur Befestigung den Draht einfach noch mal um den Stängel wickeln.
- Nun könnt ihr die Blütenblätter formen. Wie viele ihr macht und wie groß diese werden, könnt ihr entscheiden.
- Die Blütenblätter halten am Blütenstempel, wenn ihr den Draht einfach immer mit dem Stempel verwickelt. Das kann mitunter nach einem Knoten aussehen. Wie einfach oder schwer dies ist, ist abhängig von der Dicke des Drahtes.
- Wenn die Blume fertig ist, knipst den Draht mit der Zange ab und verbiegt das Ende irgendwo an der Blume.
- Nun rührt den Zement mithilfe des Schneebesens nach Anweisung sämig an und löffelt ihn in die Form, die ihr euch ausgesucht habt (z. B. Milchschachtel oder Joghurtbecher). Steckt die Blume mit der Schlaufe so in den Zement, dass der Stängel mittig herausragt.
- Sollte die Blume nicht stehen bleiben, stützt sie für die Zeit des Trocknens z. B. mit Schaschlikspießen ab.
- Wenn der Zement durchgetrocknet ist, könnt ihr die Form abziehen oder abreißen. Plastik löst sich hier meist schneller als beschichtete Pappe.
- Oben am Zement setzt sich meist eine kleine, lockere Schicht ab, die man einfach abwischen kann. Dann ist die Betonblume fertig.

Papas Trophäen

Zeitaufwand: 1–2 Unterrichtsstunden, zuzüglich Trockenzeit

Schwierigkeitsstufe: leicht bis mittel

Mithilfe des Lehrers: Farblack sprühen, evtl. Hilfe bei der Verwendung von Hammer, Zange und Heißkleber

MATERIAL

- ✓ 2 Kronkorken (pro Trophäe)
- ✓ 2 Zangen
- ✓ Hammer
- ✓ Heißkleber
- ✓ Sprühfarbe
- ✓ 2 kurze Drahtstücke (pro Trophäe)
- ✓ Wackelaugen
- ✓ Magnet
- ✓ evtl. Schere
- ✓ evtl. Filz für Ohren

SO GEHT ES

- Biegt beide Kronkorken in die richtige Form: Einer wird platt gehämmert und einer zusammengebogen. Nehmt die Zangen dabei zu Hilfe.
- Klebt den gebogenen Kronkorken mit Heißkleber an den platten Kronkorken.
- Sprüht das Ganze nun mit Sprühfarbe an. Bitte beachtet die Vorsichtshinweise im Umgang mit Sprühfarbe und lasst diese gut durchtrocknen.
- Biegt lustige Hörner und Geweihe aus den beiden Drahtstücken.
- Nun klebt alles mit Heißkleber zusammen. Die Augen und Hörner sowie evtl. Ohren, die ihr aus Filz ausschneidet, kommen auf die Vorderseite und der Magnet gehört auf die Rückseite.
- Fertig ist Papas Trophäe, bereit um eure Nachrichten und Zettelchen zu halten.

VARIANTE

Statt der Draht-Hörner könnt ihr auch Schrauben und Nägel verwenden.

Schlüsselanhänger

Zeitaufwand:	1 Unterrichtsstunde
Schwierigkeitsstufe:	leicht
Mithilfe des Lehrers:	einfache Unterstützung

MATERIAL

- Schlüsselring
- dicke Schraube
- 2 Muttern, die genau auf die Schraube passen
- Muttern und Unterlegscheiben, die etwas größer sind als die beiden zur Schraube passenden Muttern

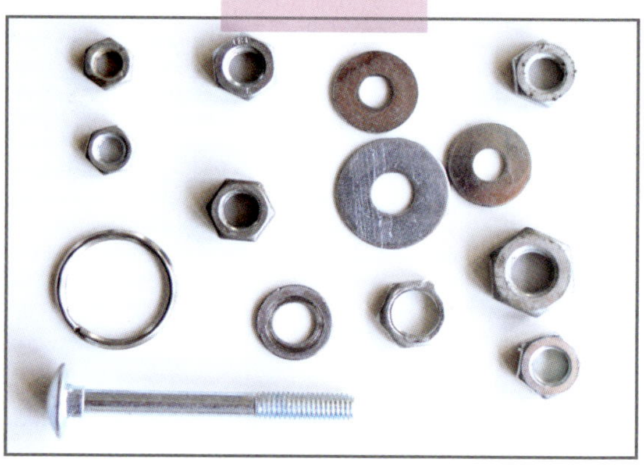

SO GEHT ES

- Zu der Haupt-Schraube sollte es zwei Muttern geben, die exakt auf sie passen. Alle anderen Muttern und Unterlegscheiben sollten etwas größer sein.
- Fädelt den Schlüsselring auf eine Unterlegscheibe auf und steckt diese auf die Schraube. Nun folgen die etwas größeren Muttern und Unterlegscheiben in der von euch gewählten Reihenfolge.
- Ganz zum Schluss dreht ihr die beiden passenden Muttern auf. Sie ziehen sich gegenseitg ein wenig fest.
- Schon ist der praktische Schlüsselbundanhänger fertig.

VARIANTE

Fädelt andere nützliche Dinge auf, wie z. B. Büroklammern.

„Bester Papa"-Bild

Zeitaufwand:	2 Unterrichtsstunden, zuzüglich Bildanfertigung
Schwierigkeitsstufe:	leicht
Mithilfe des Lehrers:	Fotografieren, Unterstützung bei der Heißklebepistole

MATERIAL

- ✓ Pappe (für das Schild)
- ✓ Acrylfarbe
- ✓ Pinsel
- ✓ Papas Kleidung
- ✓ Kamera
- ✓ kleiner Bilderrahmen
- ✓ Muttern, Nägel, Schrauben
- ✓ Heißkleber
- ✓ Foto-Ausdruck

SO GEHT ES

- Nehmt euch die Pappe und schreibt mit dem Pinsel und der Acrylfarbe euren Text darauf. Ihr könnt hier variieren: „Bester Papa", „Du bist super", „Ich find dich toll" usw. Gestaltet es, wie ihr wollt, es muss nur sehr gut lesbar sein.
- Zieht euch Kleidung von eurem Papa an (ein Anzug ist am wirkungsvollsten) und lasst euch mit dem Schild zusammen fotografieren. Damit es eine Überraschung bleibt, bittet am besten eure Mama oder einen anderen Erwachsenen um Hilfe, damit ihr unauffällig die Kleidung ausleihen könnt.
- Nun nehmt euch den Bilderrahmen und legt alle Schrauben, Muttern, Nägel und was ihr sonst noch habt, auf. Klebt sie nach und nach mit dem Heißkleber fest.
- Wenn das Bild hängen soll, kann an allen Seiten etwas überstehen. Wenn es stehen soll, sollte die Unterkante bündig beklebt werden.
- Nun braucht ihr noch einen Ausdruck eures Fotos mit dem Pappschild. Steckt das fertige Foto in den Rahmen – fertig ist das „Bester Papa"-Bild.

TIPP

Das Foto kann im Original verwendet werden. Sehr gut sehen aber auch schwarz-weiß oder Sepia-Farben aus.

Geschenk-Verpackungsideen

Sommer

Steinbilder

Zeitaufwand: 1–2 Unterrichtsstunden
Schwierigkeitsstufe: leicht
Mithilfe des Lehrers: Unterstützung bei der Heißklebepistole

MATERIAL

- Steine
- Holzplatte, Leinwand o. Ä. (als Untergrund)
- Acrylfarbe
- Pinsel
- Heißkleber
- evtl. Sprühlack

SO GEHT ES

- Zunächst müsst ihr Steine suchen und überlegen, was ihr aus ihnen legen wollt.
- Sucht euch eine Unterlage aus und legt probeweise die Steine so, wie ihr es euch vorstellt.

- Zum Abschluss könnt ihr eine Schicht Klarlack über alles sprühen. Das bringt die Farbe zum Leuchten und macht das Bild ein wenig haltbarer.

TIPP

Ihr könnt die Steine auch nur teilweise bemalen und die natürliche Farbe nutzen. Ebenfalls könnt ihr Steine übereinanderkleben.

- Dann überlegt euch, welche Steine in welcher Farbe angemalt werden sollen.
- Malt die Steine und die gewählte Unterlage an und lasst alles gut trocknen.
- Nun könnt ihr die Steine Stück für Stück mit dem Heißkleber aufkleben, bis euer Steinbild wieder komplett ist.

Teelicht- oder Blumengläser

Zeitaufwand: 1 Unterrichtsstunde, zuzüglich Trockenzeit
Schwierigkeitsstufe: leicht
Mithilfe des Lehrers: einfache Unterstützung

MATERIAL

- sauberes Einmachglas
- Glasfarbe
- Pinsel
- Dekomaterial, z. B. kleine Sternchen, Blumen, Pailletten
- Heißkleber oder Schulkleber
- dünner Silberdraht oder Kordel
- Schere
- Zange

SO GEHT ES

- Malt das Glas mit der Glasfarbe an. Am besten sieht es nachher aus, wenn man keine Motive malt, sondern die Farbe oben am Glas abstreift, sodass sie am Glas hinunterläuft. Das kann flächendeckend mit verschiedenen Farben passieren, sodass die Farben sich vermischen, oder an einzelnen Stellen, sodass ebenfalls unbemaltes Glas zu sehen bleibt.
- Die Glasfarbe muss relativ lange trocknen, ist dann aber sehr haltbar.
- Wenn die Farbe völlig durchgetrocknet ist, könnt ihr das Glas noch weiter verzieren. Klebt mit Heißkleber oder Schulkleber kleine Sternchen, Blümchen oder Pailletten auf. Weniger ist hier mehr, zu viel Deko kann es schnell kitschig wirken lassen.
- Wenn das Glas stehen bleiben soll, könnt ihr noch ein Stück Kordel um den Hals binden und an den Enden ebenfalls kleine Dekorationen ankleben.
- Soll das Glas hängen, wickelt den Draht um den Glashals und formt einen Bügel daraus.

TIPP

Diese Art Gläser eignen sich auch hervorragend als Geschenkverpackungen für Pralinen, Kekse oder andere Kleinigkeiten.

Muschelbilder

Zeitaufwand: 1 Unterrichtsstunde
Schwierigkeitsstufe: leicht
Mithilfe des Lehrers: Unterstützung bei der Heißklebepistole

MATERIAL

- Holzplatte, Leinwand o. Ä. (als Untergrund)
- Acrylfarbe
- Pinsel
- Muscheln
- Heißkleber

SO GEHT ES

- Wählt einen Untergrund aus. Leinwand oder Holz eignen sich sehr gut, es kann aber auch eine beliebige andere Fläche sein.
- Wählt Farben aus. Schön sieht es aus, wenn man zwei oder drei harmonierende Farben nimmt und diese auf dem Untergrund ein wenig vermischt, sodass sich noch mehr Farbtöne und Verläufe ergeben.
- Während die Farbe nun trocknet, könnt ihr euch Muscheln aussuchen und diese zu Bildern oder Mustern legen.

- Wenn der Untergrund gut durchgetrocknet ist, könnt ihr die gewählten Muschelformationen auflegen.
- Dann klebt die Muscheln Stück für Stück mit Heißkleber an. Schon ist euer sommerliches Muschelbild fertig!

VARIANTE

Ihr könnt das Muschelbild auch erst im Nachhinein mit Sprühfarbe überziehen, dann entsteht eine Art Reliefbild.

„Wenn du mal"-Briefkarten

Zeitaufwand: 1 Unterrichtsstunde
Schwierigkeitsstufe: leicht
Mithilfe des Lehrers: einfache Unterstützung

MATERIAL

- Pappe (DIN A6)
- Acrylfarbe
- Pinsel
- Permanent-Marker
- eine „Wenn du mal…"-Idee und passendes Zubehör
- evtl. Kleber oder Tacker
- evtl. Briefumschlag

SO GEHT ES

- Malt zunächst die Pappe an. Während diese trocknet, könnt ihr überlegen, welche „Wenn du mal…"-Nachricht ihr verwenden möchtet.
- Wenn die Pappe getrocknet ist, schreibt die Nachricht auf und baut die Idee mit ein.
- Je nach Nachricht braucht ihr hier vielleicht noch Kleber oder einen Tacker, um evtl. Kleinigkeiten zu fixieren.

BEISPIELE FÜR „WENN DU MAL…"-IDEEN:

- „Wenn du dich mal alleine fühlst" – Spiegel
- „Wenn du mal traurig bist" – Taschentuch
- „Wenn du mal völlig durcheinander bist" – Kamm
- „Wenn dir mal die Worte fehlen" – Buchstabensuppe
- „Wenn du mal ein Wunder brauchst" – Wunderkerze
- „Wenn du mal etwas Glück brauchst" – Kleeblatt oder Cent-Stück
- „Wenn du mal Langeweile hast" – Rätsel
- „Wenn dir das Leben mal stinkt" – Parfümprobe
- „Wenn du mal etwas Ruhe brauchst" – Ohrenstöpsel
- „Wenn das Leben mal grau und trist erscheint" – bunte Stifte
- „Wenn mal was danebengeht" – Serviette
- „Wenn du mal etwas Spaß brauchst" – Clownsnase
- „Wenn du mal was zum Lachen brauchst" – Witz

TIPP

Die Karte passt natürlich in einen Umschlag, besonders schön verpackt sieht sie aber auch in einer durchsichtigen Zellophantüte aus.

„Ein bester Freund" – Sockenpuppe

Zeitaufwand:	2 Unterrichtsstunden
Schwierigkeitsstufe:	leicht
Mithilfe des Lehrers:	Unterstützung beim Einkleben des „Mundes" mit der Heißklebepistole

MATERIAL

- Socke
- Pappe
- Schere
- Heißkleber
- Wackelaugen oder Wattekugeln
- Dekomaterial, z. B. Wolle, Federn, Kunstgras o. Ä.
- evtl. Permanent-Marker

SO GEHT ES

- Knickt zunächst die Pappe einmal in der Mitte und schneidet sie vom Knick her halbkreisförmig aus. So entsteht ein in der Mitte geknicktes Oval. Dieses sollte so groß sein, dass es an die Spitze der Socke passt, wie auf dem Foto zu sehen ist.

- Dreht die Socke auf links und klebt das Oval mithilfe des Heißklebers an die Spitze der Socke.
- Wenn ihr nach einer kurzen Abkühlzeit die Socke samt Pappe wieder auf rechts dreht, stülpt sich die Pappe um und es entsteht ein Mund.
- Nun könnt ihr Augen aufkleben. Dafür eignen sich sehr gut Wattekugeln mit aufgemalter Pupille oder Wackelaugen.
- Es folgen Haare, Augenbrauen, Wimpern, Deko. Alles, was ihr für gut befindet, wird einfach mit Heißkleber angebracht.
- Benutzt nicht zu viel Heißkleber und achtet darauf, dass ihr nie die Hand in der Puppe habt, wenn geklebt wird, da der Heißkleber sehr schnell durch den Stoff der Socke durchsickert und euch verbrennen würde.

Glückssteine

Zeitaufwand: 1 Unterrichtsstunde
Schwierigkeitsstufe: leicht
Mithilfe des Lehrers: einfache Unterstützung

MATERIAL

- Steine, am besten mit glatter Oberfläche
- Acrylfarbe
- Pinsel (dick oder dünn)
- evtl. Permanent-Marker
- evtl. Klarlack

SO GEHT ES

- Sucht euch einen hübschen Stein aus. Am besten eignen sich Steine mit glatter Oberfläche.
- Überlegt euch, was auf den Glücksstein gemalt werden soll. Es eignen sich Glücksboten, wie Schweine, Kleeblätter, Marienkäfer, eine Sternschnuppe, aber auch Botschaften, wie „Viel Glück" oder „Ich denk an dich". Auch Schutzengel oder ein Herz können passend sein. Vielleicht fällt euch etwas ein, wenn ihr an den zu Beschenkenden denkt.
- Eurer Kreativität sind kaum Grenzen gesetzt: Ihr könnt den Stein komplett bemalen oder nur partiell. Bei feinen Malereien kann es hilfreich sein, etwas mit Permanent-Marker vorzumalen und dieses dann mit einem dünnen Pinsel mit Acrylfarbe auszumalen.
- Möchtet ihr den Stein etwas haltbarer und glänzender haben, besprüht ihn ein wenig mit Klarlack.

TIPP

Direkt noch viel schöner wirkt der Stein, wenn ihr ihn toll verpackt verschenkt. Hierfür eignen sich kleine Streichholzschachteln wunderbar. Eine Karte dazu ist auch sehr schön und lässt Raum für eine Nachricht von euch.

Bücherwurm

Zeitaufwand:	1–2 Unterrichtsstunden
Schwierigkeitsstufe:	leicht
Mithilfe des Lehrers:	Unterstützung bei der Heißklebepistole

MATERIAL

- Wolle
- Strickliesel
- Wackelaugen
- kleiner Pompon
- Heißkleber
- evtl. etwas Filzwolle oder eine Feder für die Haare

SO GEHT ES

- Sucht euch eine Wolle aus und strickt mithilfe der Strickliesel einen Wollschlauch. Dieser sollte länger als eine Buchseite sein, damit der Kopf aus dem Buch herausschauen kann, ohne dass der Wurm herausfällt.
- Ist der Strickschlauch fertig, sucht euch die passenden Wackelaugen, einen Pompon für die Nase und evtl. etwas für die Haare aus.
- Klebt nun alles sehr vorsichtig mit etwas Heißkleber an – schon ist der Bücherwurm fertig.

TIPP

Wenn ihr einen Draht in das Würmchen steckt, könnt ihr es wie eine Schlange biegen und es sitzt da, wenn gerade kein Buch zum Lesen vorhanden ist.

Kleine Begleiter mit Botschaften

Zeitaufwand: 2 Unterrichtsstunden

Schwierigkeitsstufe: mittel

Mithilfe des Lehrers: Unterstützung bei der Heiß-klebepistole

MATERIAL

- Tontopf, Durchmesser ca. 4,5 cm
- Acrylfarbe
- Pinsel
- Kordel
- Perlen
- Holzkugel, Durchmesser ca. 3,5 cm
- Fineliner, Buntstifte
- Dekomaterial, z. B. Wolle, Federn, Blumen o. Ä. für Haare und Hüte
- Zahnstocher
- Tonpapier
- Heißkleber
- Schere

SO GEHT ES

- Sucht euch Farben für den Tontopf aus und malt diesen an.
- Während der Tontopf trocknet, könnt ihr aus der Kordel vier Schnüre zurechtschneiden: zwei für die Arme und zwei für die Beine.
- Verknotet jeweils ein Ende und fädelt je eine Perle auf.
- Nun könnt ihr auf die Holzkugel (den Kopf) mit Fineliner Augen, Nase und Mund aufzeichnen und die Nase mit Acrylfarbe ausmalen.
- Während alles trocknet, könnt ihr euch auf die Suche nach geeigneten Haaren und/oder Kopfbedeckungen machen.
- Nun klebt mit Heißkleber den Holzkugel-Kopf an den Körper und die Perlenschnur-Arme an die Seite des Tontopf-Körpers. Die Beine werden vorn an die Innenseite des Tontopfes geklebt. So können sie besser baumeln.
- Nun klebt noch die gewählten Haare und/oder Kopfbedeckung an den kleinen Begleiter.

- Was jetzt noch fehlt, ist die Botschaft: Überlegt euch etwas Passendes und schreibt die Botschaft auf ein Stück Tonpapier.
- Klebt das Tonpapier an einen Zahnstocher und schon ist die Botschaft fertig und kann an die Tontopf-Figur geklebt werden.

Mut-Pillen und Gute-Laune-Pastillen

Zeitaufwand: 1 Unterrichtsstunde
Schwierigkeitsstufe: leicht
Mithilfe des Lehrers: einfache Unterstützung

MATERIAL

- große Streichholzschachtel
- Papier
- Schere
- Kleister
- Permanent-Marker
- Acrylfarbe
- Pinsel
- Seidenpapier
- etwas zum Befüllen der Schachtel

SO GEHT ES

- Schneidet das Papier so zurecht, dass es um die Streichholzschachtel gefaltet werden kann. Klebt nun das Papier mit Kleister fest.
- Überlegt euch, wie ihr eure Kreation nennen wollt, und schreibt den Namen mit Permanent-Marker auf die Verpackung. Schön sieht es aus, wenn ihr den Text, z. B. „Mut-Pillen", mit einem Rahmen verseht.
- Alles außerhalb des Rahmens könnt ihr nun mit Acrylfarbe bunt gestalten.
- Während die Verpackung trocknet, schneidet ein Stück Seidenpapier zurecht und legt mit diesem das Schubfach aus
- Schiebt das Fach zurück in die getrocknete Ummantelung und schon ist die Wunderpillen-Verpackung fertig.
- Befüllt die Verpackung zum Schluss noch mit kleinen Leckereien – fertig ist der Mutmacher.

TIPP

Eurer Fantasie sind bei der Namensfindung keine Grenzen gesetzt. Überlegt, wofür oder wogegen die Wundertabletten helfen sollen.

- Gegen-Prüfungsangst-Drops
- Anti-Müdigkeits-Pillen
- Grandiose-Laune-Tabletten
- Mutmach-Bonbons
- Aufregung-Verschwinde-Pastillen...

Geschenk-Verpackungsideen

Herbst

Zapfentiere

Zeitaufwand: 1 Unterrichtsstunde
Schwierigkeitsstufe: leicht bis mittel
Mithilfe des Lehrers: einfache Unterstützung

MATERIAL

- Zapfen
- Kordel
- Schere
- Filz (verschiedene Farben)
- Wackelaugen
- Heißkleber
- evtl. Sprühfarbe

SO GEHT ES

- Sucht euch einen Zapfen und legt fest, welches Tier ihr gerne daraus bauen möchtet. Mäuschen sind z. B. sehr einfach zu machen.
- Schneidet euch von der Kordel zwei kürzere Schnüre für die Barthaare ab und eine längere Schnur für den Schwanz. Für das Schwanzende knotet einen Doppelknoten in die lange Schnur.
- Sucht euch eine Farbe für die Ohren aus und schneidet zwei Ohren aus Filz aus.
- Sucht euch nun noch zwei Wackelaugen aus und klebt alles mit dem Heißkleber an den Zapfen. Wenn ihr gerne einen farbigen Körper wollt, sprüht den Zapfen vorher mit der passenden Sprühfarbe an. Fertig ist das Zapfenmäuschen.

VARIANTEN

- Besonders gut lassen sich aus den Zapfen auch Vögel bauen und am schönsten sehen hier Eulen aus.
- Dafür braucht ihr Flügel und Augenumrandungen, die ihr aus dem Filz schneidet, sowie einen kleinen Schnabel und Extras, wie z. B. ein Bäuchlein oder Kauzohren.
- Dazu sucht euch noch die passenden Wackelaugen und klebt alles vorsichtig mit Heißkleber an den Zapfen an.
- Aus Zapfen lassen sich alle möglichen Tiere bauen. Probiert es einfach aus.

Hagebuttenherz

Zeitaufwand:	1 Unterrichtsstunde
Schwierigkeitsstufe:	leicht
Mithilfe des Lehrers:	einfache Unterstützung

MATERIAL

- ✓ Hagebutten (noch hart)
- ✓ dünner, fester Draht
- ✓ Zange
- ✓ Nylonschnur
- ✓ evtl. Prickelnadel

SO GEHT ES

- Sammelt Hagebutten. Sie sollten noch nicht weich, aber schon schön rot sein.
- Am besten lässt man sie schon einmal ein bis zwei Tage trocknen.
- Fädelt die Hagebutten auf einen Draht auf. Wenn die Früchte noch sehr hart sind, müsst ihr vorher mit der Prickelnadel einen Durchgang für den Draht stechen.
- Wenn ihr genügend Hagebutten aufgefädelt habt, schneidet den Draht mit der Zange ab, verdreht die Enden miteinander und formt aus dem Hagebuttenkreis ein Herz.
- Knotet etwas Nylonschnur an das Herz und fertig ist das herbstliche Herz.
- Hängt das Herz an einen luftigen Ort. Wenn es zu warm hängt, kann es passieren, dass die Früchte nachreifen und weich werden.

TIPPS

- Im Herbst fallen die unterschiedlichsten Früchte an, mit denen man wunderbare Herzen bauen kann.
- Kastanien z. B. lassen sich ebenfalls gut verarbeiten. Für die Löcher in den Kastanien bietet sich ein Akkubohrer mit dünnem Aufsatz an. Der Draht muss dick und fest sein, damit er die schweren Kastanien hält.

Ahorn-Libelle

Zeitaufwand:	1 Unterrichtsstunde
Schwierigkeitsstufe:	leicht bis mittel
Mithilfe des Lehrers:	Unterstützung bei der Heißklebe-pistole

MATERIAL

- ✓ Ahornsamen
- ✓ Sprühfarbe
- ✓ dünner Draht
- ✓ Zange
- ✓ Perlen
- ✓ Heißkleber

SO GEHT ES

- Sucht euch zwei schöne, zueinander passende Ahornsamen aus und sprüht sie mit der gewünschten Farbe an. Diese muss nun erst einmal trocknen.
- Knipst euch währenddessen mit der Zange ein etwa 30 cm langes Stück Draht ab. Fädelt eine Perle bis zur Mitte des Drahtes auf und knickt nun den Draht. Verdreht die Perle mit dem Draht und fädelt alle weiteren Perlen auf beide Drahtenden gleichzeitig auf.

- Zum Ende hin dürfen die Perlen etwas größer werden, dann lassen sich die Flügel besser ankleben. Der Kopf (die letzte aufgefädelte Perle) sollte dann die größte Perle sein.
- Wenn der Kopf aufgefädelt ist, biegt den Restdraht einfach auseinander. Dann kann die Perle nicht mehr abfallen und ihr habt automatisch zwei schöne Fühler.
- Wickelt nun noch ein Stück dünnen Draht um die Körpermitte und fixiert ihn mit etwas Heißkleber. Dieser Draht dient als Ständer eurer Libelle.
- Klebt nun die getrockneten Flügel an den vorderen Teil des Körpers und fertig ist die Libelle.

Herbstlicher Blätterkranz

EXTRA

SCHNELL GEMACHT UND WUNDERSCHÖN

Sucht euch die schönsten Blätter und legt sie für ein paar Tage zwischen zwei Zeitungsseiten. Stapelt ein paar Bücher darauf, sodass die Blätter gepresst werden. Schneidet euch einen Pappring aus und klebt die gepressten Blätter mit Heißkleber auf. Fertig ist der Blätterkranz.

Winter

Gips-Teelicht-Schalen

Zeitaufwand:	1 Unterrichtsstunde, zuzüglich Trockenzeit
Schwierigkeitsstufe:	leicht
Mithilfe des Lehrers:	evtl. Unterstützung beim Auftragen der Gipsbinden

MATERIAL

- Luftballon
- Gipsbindenstücke
- Wasser
- Schere
- Sprühfarbe

SO GEHT ES

- Pustet den Luftballon so weit auf, wie die Schale später groß sein soll.
- Tragt nun zwei bis drei Schichten Gipsbinden auf eine Hälfte des Luftballons auf. Achtet darauf, dass ihr die Binden sehr gut verschmiert, sodass alle Löcher der Binden verschwinden. Das macht die Schale haltbarer.
- Stellt die noch feuchte Gipsschale hin, indem ihr sie mit dem Ballon leicht auf den Untergrund drückt. So ergibt sich die Stellfläche.
- Nach ca. 15 Minuten Trockenzeit könnt ihr den Ballon einschneiden, damit er platzt. Ohne Ballon kann die Schale nun gut durchtrocknen.
- Wenn der Gips völlig trocken ist, könnt ihr die Schale besprühen: außen, innen oder beide Seiten. Besonders schön leuchtet später das Teelicht, wenn die Innenseite einen Goldschimmer bekommt.

Perlensterne

Zeitaufwand:	1 Unterrichtsstunde
Schwierigkeitsstufe:	leicht
Mithilfe des Lehrers:	einfache Unterstützung

MATERIAL

- Draht, ca. 30 cm lang
- Zange
- verschiedene Perlen
- evtl. Schnur

SO GEHT ES

- Schneidet den Draht mit der Zange zurecht und fädelt die erste Perle auf. Knickt den Draht unterhalb der Perle so, dass diese nicht abfallen kann. Nun könnt ihr beliebig weitere Perlen auffädeln.
- Besonders hübsch sieht es aus, wenn ihr euch für eine Farbrichtung entscheidet und verschiedene Perlen in unterschiedlichen Tönen dieser Farbe verwendet.
- Wenn noch 4 cm verbleibend sind, verdreht die beiden Drahtenden so, dass sich ein Perlenkreis ergibt.
- Formt nun aus dem Perlenkreis einen Stern mit fünf Zacken.
- An der Zacke mit den verdrehten Drahtenden könnt ihr nun einen weiteren Draht oder eine Schnur zum Aufhängen anbringen.

TIPPS

- Der Stern lässt sich jederzeit einfach zu etwas anderem verbiegen, z. B. zu einem Herz.
- Wenn ihr viele Sterne oder Herzen macht, sehen diese, an einem Ast aufgehängt, sehr schön aus.

Kleines Korken-Rentier

Zeitaufwand:	2 Unterrichtsstunden
Schwierigkeitsstufe:	mittel
Mithilfe des Lehrers:	Unterstützung bei der Heißklebepistole

MATERIAL

- ✓ großer Korken
- ✓ kleiner oder halber Korken
- ✓ braune Acrylfarbe
- ✓ Pinsel
- ✓ ca. 8 Streichhölzer
- ✓ roter Pompon
- ✓ Wackelaugen
- ✓ Heißkleber

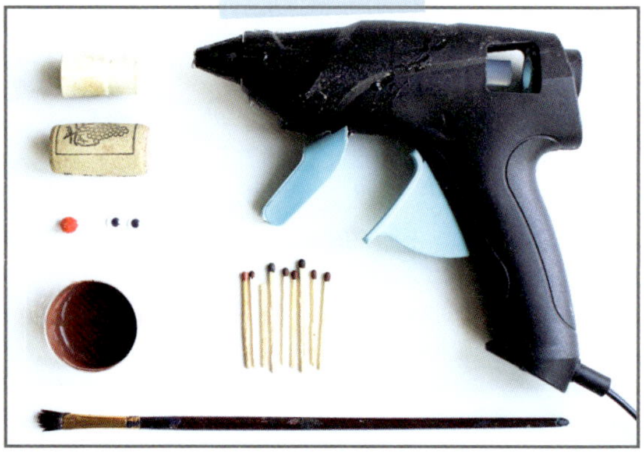

SO GEHT ES

- Malt zunächst beide Korken braun an und lasst sie gut trocknen.
- Nach dem Trocknen klebt mit Heißkleber den kleinen Korken als Kopf an den großen Korken.
- Klebt nun die Streichhölzer als Beine an die Außenseite des Körpers. Es empfiehlt sich, das jeweils nächste Bein erst anzukleben, wenn das vorherige völlig getrocknet ist.
- Klebt dann die Wackelaugen und die Pompon-Nase an.
- Brecht für das Geweih die Streichhölzer in die Formen, die ihr haben möchtet, und klebt die einzelnen Geweihsprossen an die Geweihstangen.
- Wenn beide Geweihstangen getrocknet sind, könnt ihr sie an den Hinterkopf kleben.
- Fertig ist das kleine Korken-Rentier in der Grundausführung.

VARIANTEN

- Als Geweih eignen sich alternativ auch kleine Schrauben oder Nägel sehr gut.
- Wenn ihr noch weiterbauen wollt, kann Rudolf noch Ohren, Schwänzchen und Füße gebrauchen.
- Aus dieser Form lassen sich viele weitere Tiere bauen, z. B. Einhörner oder Pferde – probiert es aus.

Kekshäuser

Zeitaufwand: 2 Unterrichtsstunden
Schwierigkeitsstufe: leicht
Mithilfe des Lehrers: einfache Unterstützung

MATERIAL

- Butterkekse
- Löffelbiscuit oder Dominosteine
- Puderzucker, 100 g, gesiebt
- ein Eiweiß
- kleine, süße Dinge zum Verzieren
- Löffel oder Messer
- Schneebesen oder Mixer

SO GEHT ES

- Schlagt das Eiweiß schaumig und fügt nach und nach den gesiebten Puderzucker zu, bis ein sehr zähflüssiger Zuckerguss entsteht.
- Überlegt euch, wie euer Haus aufgebaut sein soll. Am einfachsten ist die Zeltversion. Schwieriger, aber schöner ist die Hausversion mit Unterbau und Dach.
- Klebt die Kekse mit dem Zuckerguss zum Haus zusammen und lasst es etwas trocknen. Um den Zuckerguss zu verteilen, könnt ihr den Löffel oder das Messer nehmen.
- Wenn das Häuschen getrocknet ist, klebt mit Zuckerguss die kleinen Süßigkeiten an und verziert euer Knusperhaus nach Lust und Laune.

VARIANTEN

- Außer den kleinen Häuschen lassen sich noch viele andere Dinge zusammenkleben. Sehr einfach ist die Version einer Kerze aus einem Röllchenkeks und einer Mandel.
- Schwieriger sind Figuren, wie Männchen oder Vögel.

Tannenbäumchen

Zeitaufwand:	2 Unterrichtsstunden
Schwierigkeitsstufe:	mittel bis schwer
Mithilfe des Lehrers:	einfache Unterstützung

MATERIAL

- Zweige
- dünner Draht
- Zange
- Sprühfarbe
- Heißkleber
- Dekomaterial, z. B. kleine Perlen, Sternchen oder Pailletten

SO GEHT ES

- Brecht die Zweige so zurecht, dass ihr ein Bäumchen damit legen könnt. Der längste Zweig sollte unten sein, der kürzeste ganz oben.
- Knipst euch mit der Zange zwei unterarmlange Stücke Draht ab und dreht diese links und rechts 2-mal um den längsten Zweig.
- Nun legt den nächsten Zweig an und dreht beide Drahtstücke auch um diesen. Auf diese Weise geht es weiter, bis ihr am kürzesten Zweig angekommen seid.

Oben angekommen, verdreht beide Drahtstücke miteinander und biegt eine kleine Schlaufe. Den restlichen Draht könnt ihr abknipsen.

- Nun sucht euch eine Farbe aus und sprüht den Baum in dieser an.
- Während der Baum trocknet, könnt ihr euch Dekomaterial suchen, z. B. kleine Perlen, Sternchen oder Pailletten, die den Mini-Tannenbaum zieren sollen.
- Wenn der Baum getrocknet ist, könnt ihr die Dekorationen mit Heißkleber ankleben.

TIPP

Achtet auf die Farben. Zu bunt kann der Baum schnell kitschig wirken. Hier ist weniger mehr.

VARIANTE

Ihr könnt auch die Stöckchen stapeln und mit Heißkleber fixieren – immer zwei auf einer Ebene –, dann habt ihr ein stehendes Bäumchen.

Schrott-Engel

Zeitaufwand:	2 Unterrichtsstunden
Schwierigkeitsstufe:	mittel
Mithilfe des Lehrers:	Unterstützung bei der Heißklebepistole und der Sprühfarbe

MATERIAL

- ✓ Pappe
- ✓ Bleistift
- ✓ Schere
- ✓ Grillschale oder Alufolie
- ✓ Draht, dick und dünn
- ✓ Zange
- ✓ Kronkorken
- ✓ Schrauben
- ✓ kleine Perlen
- ✓ Sprühfarbe
- ✓ Heißkleber
- ✓ Dekomaterial, z. B. Sternchen

SO GEHT ES

- Zeichnet zunächst mit Bleistift einen Körper, passend zum Kronkorken, auf die Pappe und schneidet diesen aus.
- Schneidet dann aus der Grillschale bzw. der Alufolie zwei Stücke für die Flügel aus und biegt sie zurecht.
- Formt nun mithilfe der Zange aus zwei dicken Drahtstücken Beine mit Füßen. Ein kleineres Stück Draht muss außerdem ein wenig gebogen werden, damit es zum Mund wird.
- Aus dem dünnen Draht biegt ihr eine Schlaufe, die später als Aufhänger dient.

- Nun könnt ihr alles, inklusive der Schrauben (als Arme) und der kleinen Perlen (als Augen), mit Heißkleber zusammenkleben. Auch Dekomaterial, wie z. B. Sternchen, kann aufgeklebt werden.

- Wählt eine Sprühfarbe aus und sprüht den Engel in dieser Farbe an.

TIPPS

- Der Engel muss nicht zwingend silbern sein, es kann in allen Farben gesprüht werden.
- Wenn ihr andere Ideen, z. B. für die Flügel, habt, probiert sie aus. Federn sehen ebenfalls sehr gut aus, müssen aber nach dem Sprühen angeklebt werden, da sie sonst verkleben.

Fotonachricht

Zeitaufwand: 2 Unterrichtsstunden
Schwierigkeitsstufe: leicht
Mithilfe des Lehrers: Fotografieren

MATERIAL

- ✓ Pappe für das Schild
- ✓ Acrylfarbe
- ✓ Pinsel
- ✓ Kamera
- ✓ Foto-Ausdruck
- ✓ Permanent-Marker
- ✓ Buntstifte

SO GEHT ES

- Malt euch ein Pappschild mit der Nachricht, die ihr vermitteln wollt: „Für dich", „Ich find dich toll", „Du bist die Beste" etc.
- Lasst ein Foto von euch mit dem Schild machen. Denkt daran, euch so in Szene zu setzen, dass ihr danach etwas dazu malen könnt: Blumen in die Hand oder Luftballons, an denen ihr hängt, ein Turm Geschenke etc. Damit ihr später viel Platz zum Malen habt, ist eine helle Wand als Foto-Hintergrund am besten geeignet.
- Druckt das Bild auf normalem Papier aus und malt dazu, was ihr möchtet.
- Ihr könnt diesen netten Gruß rahmen, als Postkarte oder E-Mail verschicken etc.

VARIANTEN

- Etwas haltbarer könnt ihr die Nachricht auf Leinwand, Holz oder Malgrund verschenken.
- Dafür eignet sich hervorragend Foto-Transfermittel.
- Ihr müsst das Foto dafür spiegelverkehrt ausdrucken und mit dem Transfermittel der Gebrauchsanweisung entsprechend übertragen.
- Gegenüber einem Aufkleben wird beim Übertragen mit dem Foto-Transfermittel nur die Farbe übertragen und das Papier wieder entfernt.
- So lassen sich Fotos auf fast jeden Untergrund übertragen.

Honigkuchenherz

Zeitaufwand:	2 Unterrichtsstunden, zuzüglich Auskühlzeit
Schwierigkeitsstufe:	mittel
Mithilfe des Lehrers:	einfache Unterstützung, Hilfe beim Schreiben

BACK-UTENSILIEN

- Topf, Schüsseln
- Herd, Backofen
- Mixer mit Rührbesen und Knethaken
- Nudelholz
- Backblech
- Backpapier
- Sieb
- Messer, Löffel
- evtl. Ausstechformen

REZEPT FÜR DREI GROSSE HERZEN

FÜR DEN TEIG

- 200 g Honig
- 75 g Butter
- 100 g Zucker
- ein Ei
- kleine Prise Salz
- 400 g Mehl
- 2 gestrichene TL Backpulver
- 10 g Kakao

FÜR DEN ZUCKERGUSS

- ein Eiweiß
- 100 g Puderzucker

ZUM VERZIEREN

- bunte Mischung Süßigkeiten

SO GEHT ES

- Honig, Butter und Zucker in einem Topf unter Rühren zerlassen, bis der Zucker sich aufgelöst hat.
- Wenn die Masse etwas abgekühlt ist, rührt das Ei und das Salz unter die Masse.
- Vermischt Mehl, Backpulver und Kakao miteinander und fügt es langsam der Masse zu. Benutzt die Rührbesen des Mixers, bis etwa 2/3 der Mehlmischung untergehoben ist. Für den Rest benutzt die Knethaken.
- Rollt den Teig mit dem Nudelholz auf einer bemehlten Arbeitsfläche etwa 1–2 cm dick aus und schneidet oder stecht die Herzformen aus.
- Backt die Herzen im Ofen bei 175° C ca. 10 bis 15 Minuten lang
- Lasst die Herzen gut auskühlen, am besten über Nacht.
- Für den Zuckerguss schlagt das Eiweiß mit dem Mixer schaumig und fügt nach und nach durch ein Sieb Puderzucker hinzu, bis es eine zähflüssige Masse ergibt.
- Nun klebt mithilfe des Gusses alles auf die Herzen, was ihr wollt.

Filzherz

Zeitaufwand: 1 Unterrichtsstunde
Schwierigkeitsstufe: mittel
Mithilfe des Lehrers: evtl. Hilfe beim Nähen

MATERIAL

- ✓ Filz
- ✓ Schere
- ✓ dickerer Faden oder Wolle
- ✓ Nadel, passend zum Faden
- ✓ Füllwatte

SO GEHT ES

- Sucht euch eine Farbe für das Herz aus und schneidet aus dem Filz ein doppeltes Herz aus – beide Herzen müssen gleich aussehen und genau aufeinander passen.
- Nun müsst ihr die Herzen zusammennähen. Legt die beiden Herzen dazu genau aufeinander. Fädelt einen langen Faden auf die Nadel und verknotet das Ende. Den ersten Stich macht ihr am besten von der Innenseite des Herzens nach außen, so bleibt der Knoten versteckt. Nun umnäht das Herz mit einem ganz einfachen Heftstich, bis nur noch 2 cm offen sind.
- Stopft etwas Füllwatte durch die Öffnung in das Herz, sodass das Herz etwas an Fülle gewinnt. Das Herz soll nicht fest und dick werden, sondern eher fluffig und leicht gewölbt.

- Nun könnt ihr das Herz ganz zunähen. Vernäht das Ende des Fadens und verknotet ihn mit sich selbst.
- Stecht für die Aufhängung einen aufgefädelten Faden oben durch das Herz und bindet eine Schlaufe.

VARIANTE

Wer gerne mehrere Herzen machen möchte, kann diese wie eine Girlade oder ein Mobilé waagerecht oder senkrecht zusammenbinden.

Tontopf-Engelchen

SCHÖNE BEGLEITER

Die Tontopf-Engelchen sind zeitlos. Sie passen zu Weihnachten, stellen als „Schutzengel" aber auch ein schönes Geschenk das ganze Jahr über dar.

Sie unterscheiden sich in der Herstellung nur minimal von den „kleinen Begleitern" auf Seite 48: Statt der bunten Farben ist der Engel eher weiß. Statt der Clownsnase bekommt er eine kleine Nase oder zwei Nasenlöcher und statt der Botschaft könnt ihr dem Engel einen Heiligenschein und Flügel aus Draht biegen und mit Heißkleber fixieren.

Gruppen-
geschenke
für Geburtstagskinder
und ihre Lehrer

Tipps zu Gruppengeschenken

SO GEHT ES

Für Gruppengeschenke gibt es verschiedenste Anlässe: Ein Kind zieht in eine andere Stadt und die Klasse schenkt ihm etwas zum Abschied, ein Lehrer hat Geburtstag oder der Abschluss der Grundschulzeit steht bevor und die Klasse möchte hierzu eine Erinnerung für den Lehrer basteln.

Wenn viele zusammen ein Geschenk basteln wollen, gibt es verschiedene Möglichkeiten, dies zu realisieren.

Hier findet ihr unterschiedliche Herangehensweisen, die bei näherer Betrachtung alle individuell und kreativ wandelbar sind.

- Jeder macht etwas. Die Voraussetzungen sind dieselben. Dann werden die Einzelergebnisse zu einem großen Ganzen zusammengesetzt.

Beispiel: „Von Herzen“-Bild, S. 94

- Jeder macht etwas nach denselben Regeln mit zum Teil unterschiedlichem Material. Die Ergebnisse bleiben individuell und werden zu einem zusammengefügt.

Beispiel: Glas voller Erinnerungen, S. 90

- Jeder macht dieselbe Sache, z. B. ein Foto, bearbeitet diese individuell und später wird alles wieder zu einem Ganzen zusammengefügt.

Beispiel: Fotocollage, S. 92

- Jeder hilft mit, eine Geschenkidee umzusetzen. So kann jeder machen, was er am besten kann.

Beispiel: Kästchen-Spiel, S. 88

- Jeder macht etwas, alle Kunstwerke werden eingesammelt und anders wieder verteilt. So bekommt jeder ein Geschenk von jemandem.

Beispiel: Stifthalter-Roboter, S. 84

- Alle machen dasselbe auf dem gleichen Grund. Trotzdem ist die Umsetzung individuell abwandelbar.

Beispiel: Bedrucktes T-Shirt, S. 86

Stifthalter-Roboter

Zeitaufwand: 2 Unterrichtsstunden

Schwierigkeitsstufe: leicht

Mithilfe des Lehrers: einfache Unterstützung

MATERIAL

- Konservendose
- Heißkleber
- alles, was zu der Farbgebung oder dem Roboterthema passt, z. B. Löffel, Schrauben, Muttern, Kronkorken, Wackelaugen, Dübel, Nägel, Patronen o. Ä.

SO GEHT ES

- Nehmt euch die Konservendose und überlegt euch, welche Art Stifthalter-Roboter ihr bauen möchtet.
- Sucht euch zunächst Augen für den Roboter aus. Dadurch bekommt er einen Charakter.
- Nun sucht euch nach und nach weitere Dinge zusammen, die der Stifthalter-Roboter braucht: Arme, Mund, Antennen, Knöpfe, Schalter und vieles mehr.
- Klebt alles nach und nach an und schon ist der individuelle Stifthalter fertig.

VARIANTE

Ihr könnt den Stifthalter auch farbig gestalten, indem ihr einzelne Komponenten oder den ganzen Roboter mit Sprühfarbe einfärbt.

Bedrucktes T-Shirt

Zeitaufwand:	1 Unterrichtsstunde, zuzüglich Trockenzeit
Schwierigkeitsstufe:	leicht
Mithilfe des Lehrers:	einfache Unterstützung

MATERIAL

- T-Shirt
- Zeitung
- Korken
- Stoffmalfarbe flüssig
- Stoffmalstift

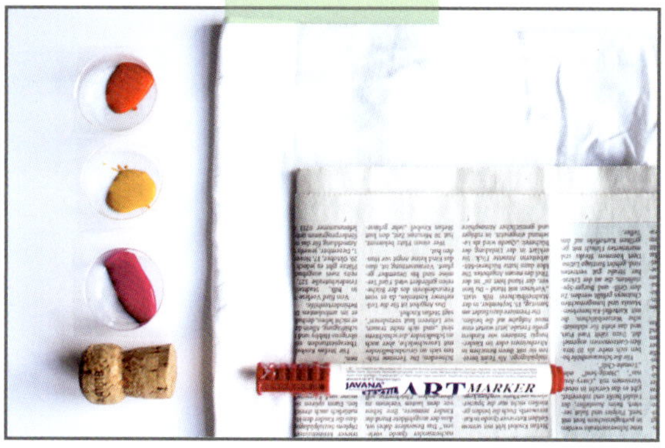

SO GEHT ES

- Legt die Zeitung in das T-Shirt, damit die Farbe sich nicht auf die zweite Seite durchdrückt.
- Nun benutzt den Korken als Stempel. Jeder, der mitmacht, stempelt einen Punkt auf das Shirt.

- Wenn die Farbe gut durchgetrocknet ist, kann jeder seinen eigenen Punkt mithilfe des Stoffmalstiftes in einen witzgen Käfer oder eine lustige Spinne verwandeln.

- Nun fixiert die Krabbeltiere, wie auf den Farbbehältern beschrieben. Manche Farben fixieren sich selbst, andere müssen eingebügelt werden.

VARIANTEN

- Als Stempel könnt ihr auch eure Finger benutzen, dann werden die Käfer durch den Fingerabdruck noch persönlicher.
- Ihr könnt zum Krabbeltier noch euren Namen schreiben.
- Es lassen sich viele verschiedene Dinge aus Punkten zaubern. Überlegt vorher, was der Beschenkte besonders mögen wird.

Kästchen-Spiel

Zeitaufwand:	1 Unterrichtsstunde, zuzüglich Trockenzeit
Schwierigkeitsstufe:	leicht
Mithilfe des Lehrers:	einfache Unterstützung

MATERIAL

- ✓ 6 Korken, Steine o. Ä. für die Spielfiguren
- ✓ Acrylfarbe
- ✓ Pinsel
- ✓ Wackelaugen
- ✓ Quadrat aus Pappe für das Spielfeld
- ✓ Lineal
- ✓ Bleistift
- ✓ Permanent-Marker
- ✓ evtl. Verzierungen für die Spielfiguren

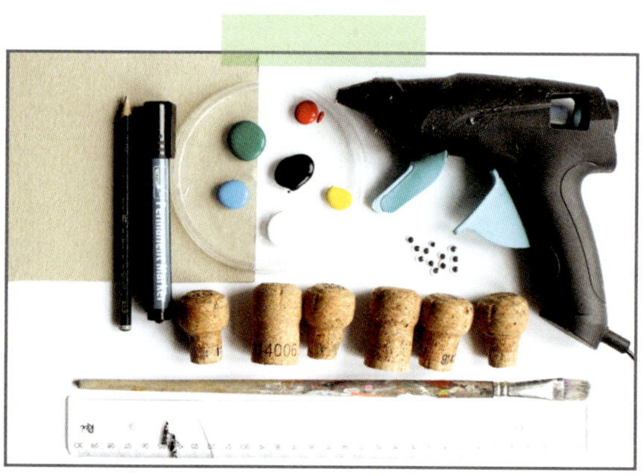

SO GEHT ES

- Sucht euch Formen für die Spielfiguren aus. Dies können Korken, Steine o. Ä. sein.
- Malt die Spielfiguren so an, dass jeweils drei gleich aussehen.
- Wenn die Figuren getrocknet sind, klebt ihr ihnen mit Heißkleber die Wackelaugen an. Sollen die Figuren noch Verzierungen, Haare o. Ä. bekommen, könnt ihr diese ebenfalls mit Heißkleber anbringen.
- Malt nun das quadratische Pappstück, passend zu den Spielfiguren, farbig an.
- Wenn es getrocknet ist, unterteilt das Spielfeld mit Bleistift und Linael in neun gleich große Felder und zieht die Linien mit Permanent-Marker nach.

SPIELREGELN:

- Jeder der zwei Spieler hat drei Spielfiguren.
- Nacheinander legt jeder Spieler eine Spielfigur in ein Feld ab.
- Ziel ist es, drei Figuren in eine Reihe zu bekommen, wobei jede Reihe zählt, auch die Diagonale.
- Der Gegenspieler versucht natürlich, jede Chance, eine Reihe zu legen, zu unterbinden, indem er seine Steine in den Weg legt.
- Das Spiel dauert meist nur eine halbe Minute.

Glas voller Erinnerungen

Zeitaufwand: 1 Unterrichtsstunde
Schwierigkeitsstufe: leicht
Mithilfe des Lehrers: einfache Unterstützung

MATERIAL

- Einmachglas
- Zettel
- Fineliner, Buntstifte
- mehrere kurze Kordeln
- lange Kordel
- Heißkleber
- buntes Tonpapier
- evtl. Konfetti, Luftschlangen o. Ä.
- alles Weitere, was euch einfällt

SO GEHT ES

- Jeder Teilnehmer bekommt einen Zettel und Fineliner oder Buntstifte.
- Überlegt euch gut, was ihr dem Beschenkten mitteilen möchtet. Mögt ihr ihn für etwas besonders gerne? Kann er etwas besonders gut? Wünscht ihr ihm etwas? Teilt ihr eine schöne oder witzige Erinnerung?
- Schreibt eure Botschaft auf den Zettel. Ihr könnt schreiben oder malen – ganz, wie ihr wollt. Das ist eure geheime Botschaft, die keiner kontrollieren wird.
- Rollt das Briefchen zusammen und knotet eine Kordel darum.
- Wenn alle Botschaften fertig sind, kommen sie in das Glas. Ihr könnt auch weitere Dinge in das Glas füllen, wie Konfetti, Luftschlangen, Herzchen – ganz dem Anlass entsprechend.
- Zum Abschluss könnt ihr noch eine Girlande aus Fähnchen basteln, die um das geschlossene Glas geknotet wird. Dafür schneidet ihr kleine Rauten oder andere Formen aus dem farbigen Tonpapier, knickt diese in der Mitte und klebt sie um das lange Stück Kordel.

VARIANTEN

- Botschaften und geheime Nachrichten passen auch wunderbar in eine große Streichholzschachtel.
- Es können kleine Papierschiffchen gebastelt und mit Nachrichten beschriftet werden.
- Je nachdem, wen man beschenkt, kann man Nachrichten und Botschaften in die unterschiedlichsten Formen bringen. Findet heraus, was der Beschenkte besonders mag.

Fotocollage

Zeitaufwand:	1 Unterrichtsstunde, zuzüglich Fotos schießen und ausdrucken
Schwierigkeitsstufe:	leicht bis mittel
Mithilfe des Lehrers:	einfache Unterstützung

MATERIAL

- ✓ Fotos von allen Kindern der Klasse
- ✓ Schere
- ✓ Blatt Papier
- ✓ Buntstifte
- ✓ Bleistifte
- ✓ Permanent-Marker
- ✓ Kleister
- ✓ Acrylfarbe
- ✓ Pinsel
- ✓ ein Bogen stärkeres Papier

SO GEHT ES

- Zunächst müsst ihr Portät-Fotos von allen beteiligten Personen schießen. Am einfachsten ist ein Gruppenfoto, weil dann alle Köpfe automatisch gleich groß sind.
- Nehmt das festere Papier und malt mit Acrylfarbe einen Hintergrund auf. Das kann eine farbige Fläche sein, ihr könnt aber auch Gegenständliches malen: ein Haus, aus dem alle schauen, ein Bus, mit dem alle fahren, ein Flugzeug etc.
- Während das Papier trocknet, malt jeder seine Figur, passend zum Fotokopf, auf das normale Papier. Zeichnet diese mit Bleistift vor, zieht sie mit Permanent-Marker nach und malt sie dann mit Buntstiften aus.
- Schneidet nun die Figur und euren Fotokopf aus.
- Sucht euch einen Platz für eure Person auf dem Hintergrundpapier und klebt die Figur mit Kopf mittels Kleister auf.

TIPP

Schön gerahmt und evtl. mit Titel versehen, wird die Collage ein echter Hingucker werden.

„Von Herzen"-Bild

Zeitaufwand: 1 Unterrichtsstunde
Schwierigkeitsstufe: leicht
Mithilfe des Lehrers: evtl. Unterstützung beim Aufmalen der Herzen

MATERIAL

- ✓ Bilduntergrund, z. B. Malgrund
- ✓ Acrylfarbe
- ✓ Pinsel
- ✓ Permanent-Marker
- ✓ Heißkleber
- ✓ Holzplättchen in der Anzahl der Beteiligten

SO GEHT ES

- Ihr solltet vorher überlegen, ob eine Person alle Herzen aufmalt, damit jedes Herz die gleiche Form und Größe hat, oder ob euch das egal ist und jeder sein eigenes Herz aufmalen kann.
- Die Grundform wird mit Permanent-Marker direkt auf den Malgrund vorgemalt.

- Jeder bekommt ein Plättchen, Acrylfarbe und einen Pinsel und kann das Plättchen nun individuell anmalen.
- Der Untergrund, auf welchen nachher alle Herzen aufgeklebt werden, wird ebenfalls angemalt. Wenn ihr die Lieblingsfarbe des zu Beschenkenden kennt, wählt diese.
- Wenn alle Komponenten getrocknet sind, legt die Herzen auf und sortiert sie so, wie sie für euch am schönsten aussehen.
- Klebt sie nun mit Heißkleber an und fertig ist das Puzzlebild aus lauter Herzen.

VARIANTE

Statt Herzen kann man auch viele andere Dinge wählen – ganz, wie ihr wollt.

Danksagung

Mein Dank an dieser Stelle gilt den Kindern meiner Kunstschule „Raum für Kunst“, die immer wieder unermüdlich mit mir Ideen auf Umsetzbarkeit und Tauglichkeit hin testen.

Ich danke euch herzlichst.
Ihr seid einfach toll!

Ein ganz großes Dankeschön auch an die Mitarbeiter des Verlags an der Ruhr, mit denen es wieder mal eine Freude war, zu arbeiten. Wenn doch alles so einfach wäre!

DANKE!